Oraciones

INSPIRACIÓN Y MEDITACIONES GUIADAS
PARA VIVIR CON AMOR Y FELICIDAD

Oraciones

Una comunión con nuestro Creador

DON MIGUEL RUIZ

CON JANET MILLS

Traducción de Luz Hernández

AMBER-ALLEN PUBLISHING
SAN RAFAEL, CALIFORNIA

Derechos © 2001 por Miguel Ángel Ruiz, M.D. y Janet Mills
Traducción por Luz Hernández, Derechos © 2002

Publicado por Amber-Allen Publishing, Inc.
Post Office Box 6657
San Rafael, California 94903

Título original: *Prayers: A communion with our Creator*
Editorial y Producción: Janet Mills
Fotografía del autor y de la portada: Stephen Collector

ISBN I-878424-70-X
Library of Congress Control Number: 2002 I34014
Impreso en el Canadá en papel no ácido
Distribuído por Publishers Group West

I0 9 8 7 6 5 4 3

Para el corazón de una mujer en el que el amor divino

se refleja en la integridad de la humanidad.

Para la madre, la esposa, la hija

y la amiga.

Índice

ÍNDICE

ORACIONES

AGRADECIMIENTOS

DESEO EXPRESAR MI GRATITUD A JANET MILLS, la madre de este libro, y a Gabrielle Rivera por su valiosa contribución.

Toda mi gratitud a nuestro Creador por la inspiración y la belleza que dio vida a este libro.

¿Acaso no es verdad, mi ángel de la vida,
que caminando mano a mano en el sueño de la vida,
cada paso está bendecito por Dios?

Introducción

TODOS NOSOTROS, AL MENOS UNA VEZ EN LA VIDA, hemos sentido una comunión con nuestro Creador. Existen momentos de inspiración en los que sentimos la inmensidad de la creación, la belleza y la perfección de todo lo que existe. Nuestra reacción emocional puede resultar abrumadora. Sentimos que la más maravillosa paz interior se mezcla con una *regocijo* intenso, y a eso lo denominamos *dicha,* o un estado de gracia y gratitud. Sentimos la presencia de Dios.

En otros momentos, nos sentimos abrumados por las presiones de la vida. Tenemos la impresión de que todo nos va mal en ella y no sabemos qué hacer. Nos sentimos demasiado pequeños comparados con la inmensidad de la vida y queremos que nos libren de nuestros problemas. Quizá nuestra reacción emocional sea un sentimiento de impotencia que se entremezcla con la tristeza, el miedo o el enfado y oramos: "Oh, Dios, ayúdame por favor". Sentimos que somos escuchados; sentimos la presencia de Dios y eso nos consuela.

La oración es una comunión del ser humano con lo divino. Tanto si nuestra oración proviene del amor, de la gratitud y de la inspiración como si lo hace del miedo, del desaliento y de la desesperación, hablamos de corazón a corazón con el espíritu divino. En la oración, acallamos todas las voces que hablan en el interior de nuestra cabeza diciéndonos que hay cosas que no son posibles y abrimos un canal directo hacia nuestra fe. Cuando oramos, utilizamos la voz de los seres humanos, pero nos unimos a la voz de nuestro corazón, de nuestro espíritu, y eso es lo que hace que la oración sea poderosa.

Orar es un acto de poder porque es un acuerdo entre lo humano y lo divino e invertimos nuestra fe en ese acuerdo. A través de la fe, alcanzamos el valor para emprender la acción, y a través de la misma, nos acercamos un paso más hacia la manifestación de nuestros deseos. Y cuando creemos en lo que oramos con toda nuestra fe, multiplicamos nuestro intento.

La oración satisface la necesidad que los seres humanos tenemos de Dios, de la inspiración y de la afirmación de nuestro propio espíritu. En la oración, nos comunicamos con la esencia de todo lo que existe, incluida nuestra propia esencia. Imaginémonos a un lobo aullando a la luna: así es como queremos orar. Tenemos un mensaje que compartir con la vida, con Dios, y queremos compartirlo con autoridad. El mensaje proviene directamente de nuestro corazón, estamos hablando con nuestra propia divinidad, con Dios.

El poder de la oración nos conduce al amor, a la verdad y a la libertad personal. El propósito de este libro es el de utilizar el poder de la oración a fin de despertar el amor y la dicha que está en nuestro corazón y de experimentar una comunión con nuestro Creador. Ojalá encuentres el amor, la verdad y la libertad a tu propio modo personal.

1

Verdad

TODO SER HUMANO ES UN ARTISTA Y NUESTRO mayor arte es *la vida*. Los seres humanos percibimos la vida e intentamos encontrarle un sentido expresando lo que percibimos mediante las palabras, la música y distintas expresiones artísticas. Percibimos la vida, y después, creamos una historia que la justifique, la describa y que explique nuestra percepción y nuestra reacción emocional. Todos los seres humanos somos narradores de historias y eso es lo que nos convierte en artistas.

Todo lo que creemos sobre nosotros mismos es una historia que elaboramos y que, pese a basarse en la realidad, no es más que nuestro punto de vista. Este punto de vista se basa en lo que *sabemos*, en lo que *creemos*. Y lo que sabemos y creemos no es más que un programa; no son más que palabras, opiniones e ideas que aprendemos de los demás y de nuestra propia experiencia vital.

Los seres humanos percibimos la verdad, pero el modo en el que justificamos y explicamos lo que percibimos no es verdad; es una historia. A esta historia yo la denomino *sueño*. La mente humana mezcla la percepción, la imaginación y la emoción a fin de crear un sueño completo. Pero la historia no se acaba ahí, porque las mentes de todos los seres humanos se mezclan, y juntas, crean la mente del planeta Tierra: *el sueño del planeta.*

El sueño del planeta es el sueño de todos los seres humanos juntos. Podemos llamarlo *sociedad*, podemos llamarlo *nación*, pero el resultado de la creación de la mente, individual y colectiva, es un sueño. El sueño puede ser placentero, y entonces lo llamamos *cielo*, o puede ser una pesadilla, y entonces lo llamamos *infierno*. Pero el cielo y el infierno sólo existen a un nivel mental.

En la sociedad humana, el sueño del planeta está gobernado por las mentiras y el resultado es el miedo. Es un sueño en el que los seres humanos nos juzgamos los unos a los otros, nos hallamos culpables y nos castigamos mutuamente. Los seres humanos utilizamos el poder de las palabras para chismorrear y herirnos los unos a los otros. El mal uso de la palabra provoca veneno emocional y todo ese veneno emocional permanece en el sueño; circula por el mundo y eso es lo que la mayoría de los seres humanos comen: veneno emocional.

El sueño del planeta prepara a los seres humanos recién nacidos para creer lo que quiere que crean. En ese sueño, no hay justicia; sólo injusticia. Nada es perfecto; sólo existe la imperfección. Ésa es la razón por la que los seres humanos buscan eternamente la justicia, la felicidad y el amor.

Durante miles de años la gente ha creído que en el universo existe un conflicto entre el bien y el mal. Pero eso no es verdad. El verdadero conflicto se produce entre lo que es verdad y lo que no lo es. El conflicto existe en la mente humana, no en el resto de la naturaleza. El bien y el mal son el resultado de ese conflicto. El resultado de creer en la verdad es el bien; el resultado de creer y defender lo que no es verdad es el mal. El mal no es más que el resultado de creer en mentiras.

Todo el sufrimiento humano es una consecuencia de creer en mentiras. Lo primero que debemos hacer es cobrar conciencia de esto. ¿Por qué? Porque esta conciencia nos guiará hacia la verdad y la verdad nos conducirá a Dios, al amor, a la felicidad. La verdad nos liberará de todas las mentiras en las que creemos. Pero, a fin de conocer la verdad, tenemos que experimentarla; no es posible expresar la verdad con palabras. Tan pronto como empezamos a hablar sobre la verdad, tan pronto como la expresamos con palabras, deja de ser verdad.

Es posible experimentar la verdad, es posible sentirla, pero cuando elaboramos la historia, sólo es verdadera para nosotros. No lo es para nadie más. Todos creamos nuestra propia historia; todos vivimos en nuestro propio sueño.

Recobrar la conciencia es ver la vida tal como es, no como nosotros queremos que sea. Ser consciente es ver lo que es verdad, no lo que queremos ver a fin de justificar las mentiras en las que creemos. Si practicamos la conciencia, llegará un momento en el que la dominaremos. Cuando dominar la conciencia es ya un hábito, vemos siempre la vida tal como es, no como nosotros queremos verla. Entonces, ya no intentamos expresar las cosas con palabras y explicarnos a nosotros mismos lo que percibimos. En lugar de eso, utilizamos las palabras para comunicarnos con los demás, sabiendo que lo que comunicamos no es más que nuestro punto de vista.

Dios está aquí. Dios está viviendo en tu interior

como *vida*, como *amor*, pero si no eres capaz de ver por ti mismo esa verdad, de nada sirve. Estás aquí para ser feliz, para vivir tu vida y para expresar lo que eres. Fuiste creado para percibir la belleza de la creación y para vivir tu vida con amor. Pero, si no eres capaz de encontrar el amor que está en tu interior, aunque todo el mundo te ame, nada cambiará en ti.

En lugar de buscar el amor en otros seres humanos, necesitamos alinearnos con nuestro propio amor, porque no es el amor de los otros seres humanos el que nos proporcionará la felicidad. Lo que nos hará felices es el amor que sentimos por cada ser humano, el amor que sentimos por Dios, por toda la creación. Cuando el amor proviene de otra persona, es posible sentirlo y apreciarlo, pero sentir nuestro propio amor es lo mejor que puede ocurrirnos jamás. Vivimos en el cielo; vivimos en la dicha.

Tu cuerpo es un templo viviente en el que reside Dios. La prueba de que Dios vive en ti es que estás vivo. En tu mente hay veneno emocional, pero es posible limpiarla y prepararte para una comunión de amor con Dios. La comunión significa compartir tu amor, fusionarse con el amor. Y el propósito de la oración es el de comunicarse con el amor de Dios que está en tu interior y permitir que este amor salga al exterior. Pero si oras y no sientes nada ¿por qué perder el tiempo? Necesitas mirar en tu interior y despertar tu amor. Abre tu corazón y ama incondicionalmente: no porque quieras recibir amor a cambio ni porque quieras controlar a alguien. Ese amor es un amor falso. Cuando amas sin condiciones, trasciendes el sueño del miedo y te alineas con el espíritu divino, con el amor de Dios, que es el amor que emana de ti. Ese amor es *vida*, e igual que el sol, brilla siempre.

Mi mayor deseo es que toda la humanidad alcance la conciencia necesaria para despertarse del sueño del miedo y que utilice el poder de la creación a fin de traer el cielo a la Tierra. Toda la creación es una obra de arte maestra y bastará con percibir la belleza del arte de Dios para que nuestro corazón se llene de alegría y satisfacción.

Utiliza esta oración para incrementar la conciencia de la belleza de toda la creación, incluida la belleza de la creación que eres tú mismo. Eres bello tal como eres, y cuando percibes tu propia belleza, tu reacción emocional está llena de amor, y entonces, es posible experimentar una felicidad arrolladora. Cuando percibas tu propia belleza, te verás en las flores, en el cielo, en las nubes, en el agua, en los océanos. Pero, por encima de todo, te percibirás en otros seres humanos: en tu ser amado, en tus padres, en tus hijos, en todos.

Por favor concédete un instante para cerrar los ojos, abrir tu corazón y sentir todo el amor que emana de tu corazón. Unámonos en una oración especial para experimentar la comunión con nuestro Creador.

Oración para la verdad

HOY, CREADOR, TE PIDO QUE ABRAS MIS OJOS Y MI corazón a fin de que pueda recuperar la verdad sobre mi vida. Ayúdame a resistir la tentación de creer en las mentiras que reprimen la expresión de mi vida y de mi amor. Concédeme la fuerza necesaria para resistir la tentación de creer en las mentiras de los demás, que sólo crean veneno emocional en mi corazón.

Hoy, Creador, permíteme ver lo que es y no lo que quiero ver. Permíteme oír lo que es y no lo que quiero oír. Ayúdame a recobrar mi conciencia para que pueda verte en todo lo que percibo con mis ojos, con mis oídos, con todos mis sentidos. Permíteme percibirte con los ojos del amor, para que pueda encontrarte dondequiera que vaya y verte en todo lo que has creado. Ayúdame a verte en todas y en cada una de las células de mi cuerpo, en cada emoción de mi mente, en cada persona con la que me encuentre. Permíteme verte en las flores, en el agua, en el fuego, en los animales y en las mariposas. Estás en todas partes y yo soy uno contigo. Permíteme ser consciente de esta verdad.

Permite que todo lo que haga y diga hoy sea una expresión de la belleza de mi corazón. Permíteme ser consciente de la belleza y la perfección de todo lo que has creado, para que pueda vivir en amor eterno contigo. Gracias, Creador, por el poder de crear un sueño del cielo en el que todo es posible. Empezando hoy, utilizaré el poder de mi amor para crear una obra de arte maestra: mi propia vida. Amén.

2
Perdón

Antes de que aprendieses a hablar, amabas sin esfuerzo, perdonabas sin esfuerzo. Amar resultaba natural; perdonar, también. Pero, después, aprendiste de otras personas que no amaban y no perdonaban a comportarte de otra manera. Hoy, si realmente lo deseas, puedes volver al amor y liberarte de todo lo que no es amor. Hoy puede ser un nuevo inicio: un día en el que recuerdas cómo amar y perdonar a aquellas personas que están más cerca de ti.

Imagínate que estás en presencia de tu madre. Aun cuando tu madre no esté viva, todavía vive en tu mente. Imagínate a tu madre sentada frente a ti a fin de experimentar una gran comunión de amor con ella. Imagínate que le das el más maravilloso abrazo y que besas su precioso rostro. Sientes su reacción emocional hacia ti, sientes que su amor llega a ti. Hoy, en este mismo instante, puedes perdonar a tu madre por cualquier resentimiento que hayas podido albergar hacia ella. No es necesario que recuerdes qué hizo o qué dejó de hacer. No necesitas justificar el resentimiento. Perdonar es un acto de amor, un acto de unión: reunirse de nuevo.

Ahora imagínate que le pides a tu madre que te perdone. Imagínate que oyes su voz diciéndote cuánto te ama, diciéndote que te perdona por cualquier cosa que hayas hecho. Siente su mano en tu rostro, siente de qué modo sus ojos te miran con un amor y una gratitud profunda porque siente tu amor. Dile cuánto la amas, cuánto la respetas y la honras. Hazle saber que tiene derecho a ser como es y que no volverás a juzgarla nunca más. Óyela diciéndote que puedes hacer lo que quieras con tu vida, que quiere que seas feliz y que disfrutes de la vida porque eres una persona realmente maravillosa. Imagínatela diciéndote que está muy orgullosa de ti, que te ama y que te acepta tal como eres. Quizás hoy pueda ser el momento de la purificación, el momento del perdón, y gracias a esta curación, un momento de amor.

Si eres madre o padre, imagínate hoy la presencia de cada uno de tus hijos frente a ti. Advierte todo el amor que sientes por ellos, y después, perdónalos y siente que también ellos te perdonan. Hoy puedes experimentar una comunión de amor con tus hijos, un momento de comunicación, un momento de perdón. Si no tienes hijos, imagínate una comunión de amor con alguien próximo a ti a quien sientas la necesidad de perdonar. Lo que ocurrió en el pasado ya no importa. Lo importante es que disfrutes de la presencia de la gente a la que más amas.

En la vida pueden ocurrir muchas cosas, pueden producirse muchos conflictos y malentendidos. Pero siempre que nos sentimos heridos es porque creemos en algo que ni siquiera es verdad: algo que tal vez tenga la apariencia de la verdad, pero que no lo es. Creer en mentiras es lo que provoca nuestro dolor, creer en mentiras es la razón por la cual nos distanciamos de las personas a las que realmente amamos. Ahora es el momento de desvincularnos de todas esas mentiras y liberarnos de todos los resentimientos que podamos albergar.

¿Por qué no disfrutar de la gente a la que más amamos? ¿Por qué desperdiciar un tiempo precioso engendrando resentimientos contra nuestros padres porque queremos ser nosotros mismos y no lo que ellos quieren que seamos? ¿Por qué no cambiamos nuestro punto de vista y comprendemos que disponemos de muy poco tiempo para comunicarles lo que realmente sentimos por ellos en nuestro corazón? ¿Por qué no nos guardamos nuestro orgullo y les pedimos su perdón? No importa que creamos que son culpables de alguna injusticia que se nos hizo. Lo que importa es liberarse de todas esas trivialidades y reunirse de nuevo.

Abre tu corazón ahora mismo, en este instante, y envía a tus padres el amor que sientes por ellos. Tu padre y tu madre te aman incondicionalmente aunque no lo demuestren. Si no lo demuestran es porque no son conscientes de ello. Tus padres te brindan el mayor don, que es la vida. El mensaje de Dios es la *vida*, y ese mensaje te fue transmitido a través de tus padres. Tú les has dado ese mismo mensaje a tus propios hijos; los has traído a la vida. Ese amor ha nacido para ser incondicional, y si no creemos en nuestras propias mentiras, lo es.

¿Por qué apartamos a nuestros hijos cuando no son lo que nosotros queremos que sean? ¿Por qué los apartamos con nuestras opiniones? Tienen derecho a vivir su vida a su manera. ¿Por qué no acudir a tus hijos y decirles: "Perdóname. No tenía la intención de apartarte de mí. No tenía la intención de controlar tu vida"? Cuando tratas a tus hijos con bondad, apenas pueden esperar para estar contigo. Cuando no los tratas bien, los apartas de ti. ¿Por qué no los atraes de nuevo hacia ti? ¿Cuán difícil puede resultarte abrir los brazos, atraerlos hacia ti y decirles lo mucho que los amas? Abre tu corazón por completo a tus hijos y acéptalos tal como son. Ámalos *precisamente* por su forma de ser. No importa lo que tus hijos hayan hecho; son tus hijos y la razón de todo lo que hayan podido hacer ha sido que también ellos creen en mentiras.

Hoy, la relación que tienes con tus padres y con tus hijos puede cambiar por completo. No desperdiciemos nuestra vida creando conflictos y resentimientos con las personas a las que realmente amamos cuando resulta tan fácil tener una relación maravillosa con todas ellas. ¿Por qué tenemos que tener siempre la razón y hacer que los demás estén equivocados? Nuestra opinión no es más que nuestro punto de vista y sólo es verdadero para nosotros; eso no significa que sea la verdad para los demás. No es necesario tener la razón; es mejor ser feliz que tener razón.

Contamos con un tiempo muy reducido para entregar todo el amor que tenemos en nuestro corazón. La vida es muy corta y el amor es demasiado importante. No sabemos cuándo nos llegará la muerte. No sabemos cuándo morirán nuestros padres ni cuándo lo harán nuestros hijos ni nuestro cónyuge ni nuestros hermanos y hermanas. No hay nada tan importante en nuestras creencias que justifique la separación de nuestros seres queridos. Si supieses que la muerte podría llegarte mañana ¿realmente desearías malgastar la vida estando en conflicto con las personas que amas? Si únicamente te quedasen veinticuatro horas de vida ¿cómo escribirías el final de la historia de tu vida? El ángel de la muerte puede ser nuestro mejor maestro, porque la muerte nos enseña a estar plenamente vivos.

Cada día es un día para que disfrutes de la vida, para que disfrutes de la gente a la que más amas y para que le hagas saber cuánto la amas. Hoy también es un día para que honres a tu ser amado, la madre o el padre de tus hijos. Si respetas a tu ser amado les enseñas a tus hijos a tratar a los demás con respeto. Si tratas a tu ser amado con bondad y amor eso es lo que tus hijos aprenderán a medida que crezcan. Nuestros hijos aprenden lo que hacemos, no sólo lo que decimos. Uno de los mayores regalos es ver que nuestros hijos son felices en la vida, ver cómo se expresan y se crean una vida maravillosa. Ver que nuestros hijos disfrutan de sus hijos y a la vez disfrutar de nuestros nietos es un regalo. Pero la mejor manera de enseñarles es mediante nuestro propio comportamiento.

¿Por qué no cambiar hoy la manera de relacionarte con las personas a las que amas? Es una elección que está en tus manos y que sólo te beneficia a ti. Es una elección que cambiará por completo tu calidad de vida. Envía todo tu amor a tus padres y experimenta una reunión con ellos. Envía todo tu amor a tus hijos, estén donde estén, y atráelos de nuevo a ti. Envía tu amor a tus hermanos y a tus hermanas, a todos los miembros de tu familia. Escoge el perdón y comunícate con todas las personas a las que conozcas, aunque no puedan oírte. Dondequiera que estén, podrán sentirlo. El perdón es algo muy importante y poderoso. Bastará con que perdones para que acontezcan milagros.

El perdón es una gran expresión de amor: principalmente porque significa aceptar el amor, empezando por nosotros mismos. ¿Por qué no amarnos a nosotros mismos de manera incondicional? ¿Por qué desperdiciar nuestra vida creándonos conflictos provocados por el modo en que nos juzgamos y nos rechazamos o viviendo con vergüenza, culpabilidad o reproches? ¿Por qué malgastar nuestra preciosa vida intentando ser lo que no somos y sabiendo que nunca seremos? ¿Por qué no aceptarnos y amarnos sencillamente tal como somos? La imagen de la perfección que hemos aprendido a perseguir es una de las más grandes mentiras.

Hoy, en este mismo instante, entrégate todo el amor que reside en tu corazón. El amor es tu naturaleza; no te resistas a lo que realmente eres. Bastará con expresar lo que eres, siguiendo el amor de tu corazón en todo lo que haces, para mejorar tu vida. El perdón es un medio extraordinario para brindarte amor a ti mismo. Imagínate cuán fácil resultaría la vida si fueses bondadoso contigo mismo. Hoy es un día maravilloso para empezar una nueva relación contigo mismo.

Oración para el perdón

Hoy, Creador, concédeme el valor y la voluntad para perdonar a la gente a la que más amo. Ayúdame a perdonar todas las injusticias que siento en mi mente y a amar a los demás de manera incondicional. Sé que sólo mediante el perdón podré curar todo el dolor de mi corazón.

Hoy, Creador, fortalece mi voluntad para perdonar a todas las personas que me han herido aun cuando crea que su ofensa es imperdonable. Sé que el perdón es un acto de amor hacia uno mismo. Ayúdame a amarme tanto que sea capaz de perdonar todas las ofensas. Permíteme elegir el perdón porque no quiero sufrir cada vez que recuerdo la ofensa.

Hoy, Creador, ayúdame a curar toda la culpabilidad de mi corazón mediante la aceptación del perdón de todas las personas a las que he herido en mi vida. Ayúdame a reconocer con sinceridad los errores que he cometido por mera ignorancia y bríndame la sabiduría y la determinación necesarias para no volver a cometer los mismos errores. Sé que el amor y el perdón transformarán todas mis relaciones de la manera más positiva posible.

Gracias, Creador, por ofrecerme la capacidad de amar y perdonar. Hoy, abro mi corazón al amor y al perdón a fin de compartir mi amor sin miedo. Hoy disfrutaré de una reunión con las personas a las que más amo. Amén.

3

Amor

Hoy es posible dar un gran paso para volver al amor, sanando la relación que tienes contigo mismo. El amor hacia ti mismo es la clave para amar a los demás. El amor empieza por uno mismo. Cuando la relación que tienes contigo mismo se base en el amor y el respeto, tu relación con todas las demás cosas de la vida cambiará, incluidas las relaciones con las personas a las que amas.

¿Cómo te sientes contigo mismo? ¿Te amas, te respetas y te honras a ti mismo? Si la respuesta es que no, esa es la razón por la cual te han roto el corazón tantas veces. Cuando no te amas, no te respetas y no te honras a ti mismo, permites que otra gente te trate sin amor, sin respeto y sin honra. Pero una vez que aprendes a tratarte a ti mismo con amor, respeto y honra, no aceptarás bajo ningún concepto que en tu trato con los demás se te ofrezca menos que eso. Y entonces, cuando alguien quiera desempeñar un papel importante en tu vida, como amigo, amante, esposo o esposa, entonces ya sabrás con qué tipo de persona quieres estar. Si eres consciente de esto desde el principio, resultará obvio si esa persona no es lo que tú quieres. ¿Por qué? Porque eres fiel a tu integridad y ya no te mientes a ti mismo.

La integridad es la totalidad de ti mismo; es lo que realmente eres, no lo que crees sobre ti mismo o lo que finges ser. Cuando eres fiel a tu integridad, nunca actúas conscientemente en contra de ti. Eres sincero contigo mismo y adviertes cuando alguien te falta al respeto. Si alguien te falta al respeto tienes la lucidez para decirle: "Un momento. No me gusta la manera en que me estás hablando". Estableces una frontera de inmediato porque no permites que nadie te maltrate. Elaboras un sistema claro de fronteras con otras personas y también respetas las fronteras que otras personas te ponen a ti.

Cuando te amas a ti mismo y alguien quiere estar contigo, la relación con esa persona tiene que partir del amor y del respeto, no del miedo y de la falta de respeto. Si ya estás en una relación que no te honra, entonces es posible iniciar un período de curación y purificación a fin de que ambos podáis volver al amor y al respeto, empezando por uno mismo y continuando con el otro. Empiezas por ti mismo porque necesitas tener amor para poder brindarlo al otro; necesitas respetarte a ti mismo para respetar al otro. Es necesario que la relación se fundamente en el respeto. Si no hay respeto, más tarde o más temprano habrá un corazón roto.

¿Qué quiero decir con respeto? Si tengo una relación contigo, respeto tus elecciones; no intentaré controlarlas. Como te quiero, te permito ser lo que eres. Quizá no estoy de acuerdo contigo, pero respeto todas las creencias que tienes y todas las elecciones que tomas porque te quiero tal como eres. También respeto mi propia vida, y por consiguiente, no te permitiré que la controles. Si no me respetas, te seguiré queriendo, pero eso puede ser el final. El único medio para salvar nuestra relación es el de recobrar el respeto, mejorar la comunicación y establecer nuevos acuerdos con una nueva serie de límites. De este modo es posible sanar la relación.

El amor por uno mismo es algo completamente distinto al egoísmo. El egoísmo dice: "Si me amas, tienes que soportar toda mi basura emocional, tienes que soportar mi enfado, mis juicios y no abandonarme jamás". Cuando dices a la gente que la amas, y después la maltratas, eso no es amor; es egoísmo. ¿Cómo puedo amarte y maltratarte a la vez? Hacer que te quedes conmigo, incluso si te estoy maltratando, es egoísmo, no amor.

El amor hacia ti mismo te brinda el poder de romper todas las mentiras que fuiste programado para creer, mentiras que dicen: "No soy lo bastante bueno; no soy lo bastante guapo; no soy lo bastante fuerte; no puedo hacerlo". Cuando te amas a ti mismo, dejas de tener miedo a enfrentarte a las responsabilidades de la vida, a hacer frente a los problemas y a resolverlos tan pronto como surgen. ¿Por qué? Porque confías plenamente en ti para tomar las elecciones que te respaldan y nunca creas circunstancias que van en contra de ti mismo.

Cuando te amas a ti mismo, disfrutas de tu propia presencia. Te deleita lo que ves cada vez que te contemplas en el espejo y la gran sonrisa que aparece en tu rostro realza tu belleza interior y exterior. Cuando te amas a ti mismo, no tienes que seguir una falsa imagen de perfección ni es necesario que demuestres que eres suficientemente bueno para el amor.

Cuando te amas a ti mismo, dejas de vivir tu vida según las opiniones de los demás. No necesitas la aceptación de otras personas ni que te digan lo bueno que eres, no tienes miedo a compartir tu amor porque tu corazón está plenamente abierto.

Hoy puede ser el día en el que experimentes tu propia belleza. Hoy puede ser el día en el que te conectes de nuevo con tu espíritu y expreses todo el amor que está en tu corazón. Centra tu atención en lo que estás sintiendo en este momento. Siente el deseo de estar vivo, el deseo del amor y de la dicha, el deseo de crear algo maravilloso para compartirlo con los demás. La misión más grande que se te ha encomendado es la de hacerte feliz y la de compartir tu amor, tu alegría y tu felicidad.

Ahora tengamos una nueva comunión de amor con nuestro Creador. Siente estas palabras que emanan directamente de tu corazón para el que te creó.

Oración para el amor

HOY, SEÑOR, AYÚDAME A ACEPTARME A MÍ MISMO TAL como soy, sin juicios. Ayúdame a aceptar mi mente tal como es, con todas mis emociones, mis esperanzas, mis sueños y mi personalidad única. Ayúdame a aceptar mi cuerpo tal como es, con toda su belleza y su perfección.

Hoy, Señor, purifica mi mente de todo el veneno emocional y de mis propios juicios personales, para que pueda vivir con paz y amor. Permite que el amor por mí mismo sea tan fuerte que nunca jamás vuelva a rechazarme ni a sabotear mi felicidad y mi libertad personal. Permíteme amarme y aceptarme a mí mismo sin juzgarme, porque cuando me juzgo me hallo culpable, y entonces, siento la necesidad de castigarme.

Con el poder del amor por mí mismo, permite que todas mis relaciones se basen en el amor y el respeto. Ayúdame a liberarme de la necesidad de decirles a los demás qué deben pensar o cómo deben ser. Permíteme aceptar a la gente que amo tal como es, sin juzgarla, porque, cuando la juzgo y la culpabilizo, la inculpo y quiero castigarla. Ayúdame, Señor, a amar todo lo que creas sin condiciones, porque cuando rechazo lo que tú has creado, te rechazo a ti.

Hoy, Señor, ayúdame a empezar mi vida de nuevo con el poder del amor a mí mismo. Ayúdame a explorar la vida, a arriesgarme y a amarme incondicionalmente. Permíteme abrir mi corazón al amor que me pertenece por derecho de nacimiento a fin de compartirlo dondequiera que vaya. Amén.

Honrar el cuerpo físico

El cuerpo físico es como un animal que nos es completamente fiel. Nos lleva dondequiera que queramos ir; nos brinda todos los placeres de la vida: comer, beber, o sencillamente correr por la playa y jugar. Y ¿qué es lo que hacemos? Maltratarlo; lo juzgamos, nos avergonzamos de él y nuestro cuerpo físico sufre. Nadie maltrata nuestro cuerpo físico más que nosotros mismos. Tratamos mejor a nuestro perro o nuestro gato que a nuestro propio cuerpo. Somos nosotros los que no somos fieles a nuestro cuerpo.

Yo solía juzgar mi cuerpo físico sin parar. Cuando contemplaba mi cuerpo en el espejo, pensaba: "Oh no, no me gusta". ¿Puedes imaginarte cuán egoísta resulta que no te guste tu propio cuerpo cuando él hace todo lo que puede por ti? Hoy, amo mi cuerpo físico. No me avergüenzo de él en absoluto. Soy generoso con mi cuerpo físico y le brindo todo lo que necesita.

Tu cuerpo físico te ama incondicionalmente. Aun cuando lo juzgues, aun cuando lo rechaces y no te guste, él sigue siéndote fiel. Aunque tu cuerpo esté envejeciendo o se sienta enfermo, hace todo lo que puede. Este conocimiento basta para que tu corazón se llene de gratitud por el regalo de tu cuerpo físico.

Hoy te propongo que empieces una relación completamente nueva con tu cuerpo físico. Te propongo que trates a tu cuerpo físico igual que tratarías al ser más preciado de tu vida. Deja de ser egoísta con tu cuerpo físico y ofrécele todo lo que necesite a fin de mantenerlo sano y feliz. ¿Eres capaz de hacerlo?

Hoy es un nuevo día, un nuevo comienzo para que le brindes a tu cuerpo la gratitud que se merece por todo lo que hace por ti. Cuando aprendes a amar a tu cuerpo físico, cualquier actividad se convierte en un ritual de gratitud mediante el que expresas plenamente la dicha de estar vivo. Cada vez que laves tu cuerpo puede ser una oración de gratitud a Dios. Cada vez que comas puede ser algo más que una oración; puede ser una celebración de la vida porque le ofreces comida a Dios a fin de que esa *vida* pueda continuar. Es posible empezar hoy mismo a cambiar la relación con tu cuerpo físico, y entonces, tu vida entera cambiará.

Oración para el cuerpo físico

Hoy, Creador, te prometo establecer un nuevo acuerdo con mi cuerpo físico. Te prometo amarlo incondicionalmente igual que él me ama a mí. Te prometo protegerlo y cuidarlo. No volveré a rechazar, a maltratar o a avergonzarme de la apariencia de mi cuerpo nunca más. Desde hoy mismo aceptaré mi cuerpo físico tal como es. Disfrutaré de él y le estaré agradecido por todos los placeres de la vida que me brinda.

Perdóname, Creador, por haber creído en todas las mentiras sobre mi cuerpo físico. Perdóname por haberlo juzgado basándome en una falsa imagen de perfección. Perdóname por todo lo que no me ha gustado de mi cuerpo físico.

Hoy, Creador, ayúdame a contemplar mi cuerpo físico como un templo viviente en el que tú resides. Ayúdame a respetar, amar y honrar a mi cuerpo. Sé que tratar a mi cuerpo físico con respeto, amor y honra significa respetar, amar y honrar tu creación. Ayúdame, Creador, a ofrecerle a mi cuerpo físico todo lo que necesite para vivir con perfecta salud, armonía y felicidad contigo. Amén.

4

Gratitud

LA GRATITUD DEBE EMPEZAR POR EL QUE NOS CREÓ, porque es de nuestro Creador de quien recibimos el mayor don: la *vida*. ¿Cómo podemos demostrarle sinceramente nuestra gratitud a Dios y darle las gracias desde lo más profundo de nuestro corazón? La mejor manera de demostrarle nuestra gratitud es recibir el regalo, y darle las gracias disfrutando de él y viviendo nuestra vida plena y completamente. A muchos de nosotros nos resulta fácil dar, pero muy difícil recibir. Cuando dominamos la gratitud, somos capaces de recibir con facilidad sin sentirnos culpables pues sabemos que, recibiendo, complacemos a la persona que nos da algo. Por ejemplo, si alguien te prepara una comida, la mejor manera de darle las gracias es disfrutar verdaderamente de la comida. La persona que ha cocinado para ti se siente complacida sólo con ver cuánto disfrutas de su comida. Si preparas una comida para tus hijos, y ves cuánto disfrutan con lo que has cocinado para ellos, puedes seguir cocinando el resto de tu vida sólo para sentir su deleite.

Lo mismo ocurre con la vida. Nuestro Creador nos ofrece el don de la vida, y el modo de decirle: "Gracias, Dios, por la vida", es disfrutando de la misma, viviéndola intensamente, siendo quienes realmente somos.

La vida pasa muy rápidamente. Aun cuando vivamos cien años, la vida es demasiado corta. ¿Qué vamos a hacer con nuestra vida? ¿Deberíamos desperdiciarla compadeciéndonos de nosotros mismos? ¿Deberíamos malgastarla creando conflictos con las personas que amamos juzgándolas e intentando controlarlas o diciéndoles cómo queremos que sean? ¿Deberíamos echar a perder nuestra vida teniendo miedo a estar vivos, miedo a expresar lo que somos en el mundo?

El modo de expresar nuestra gratitud por la vida consiste en estar verdaderamente vivo, no en esconderse en un rincón para evitar la vida o en contemplar de qué modo pasa de largo. El mayor miedo al que nos enfrentamos no es el miedo a morir, sino el miedo a estar vivo, a ser nosotros mismos, a decir lo que sentimos, a pedir lo que queremos, a decir sí cuando queremos decir sí y no cuando queremos decir no. Estar verdaderamente vivo es expresar lo que está en nuestro corazón. Si fingimos ser lo que no somos, ¿cómo podemos estar verdaderamente vivos?

Vivir con gratitud significa deleitarnos con todos y cada uno de los momentos de este preciado don que proviene de Dios. No es necesario que digamos: "Gracias, Dios" por la vida; es posible demostrar nuestra gratitud a Dios viviendo felices y con amor. La gratitud es una de las expresiones del amor más extraordinarias.

Cuando dominamos la gratitud, ofrecemos nuestro amor con generosidad porque sabemos que no tiene fin. Independientemente de lo que demos, lo haremos con generosidad porque nuestro Creador es generoso con nosotros. Y sabemos que nos merecemos recibir todo lo bueno que la vida pueda ofrecernos porque provenimos de Dios y Dios lo es todo. Si

Dios está en todas partes y existe en todas las cosas, entonces ¿cómo puede Dios rehusar los regalos de la vida de su propia creación?

Hoy es un día maravilloso para estar agradecido, para expresar toda la gratitud de tu corazón. ¿Por qué no practicar la gratitud continuamente hasta llegar a dominarla, hasta que se convierta en un hábito? Cuanto más practiques la gratitud, más comprenderás cuántas cosas hay por las que sentirte agradecido, y entonces, tu vida se convertirá en una celebración continua de dicha y felicidad. Cuando dominas la gratitud, percibes a Dios en todas las cosas y reaccionas con amor y gratitud por el mayor regalo que has recibido, que es la *vida.*

Sugiero que vivamos el resto de nuestra vida con gratitud y apreciación por todo lo que recibimos sólo con estar vivos. Solamente con estar vivos y con sentir el placer de respirar bastará para que nuestro corazón rebose de gratitud.

Ahora experimentemos una intensa comunión de amor con nuestro Creador. Siente estas palabras como si proviniesen directamente de tu propio corazón. Juntos, con un sólo corazón, enviemos estas bellas palabras de gratitud a nuestro creador.

Oración para la gratitud

Hoy, CREADOR DEL UNIVERSO, MI CORAZÓN REBOSA gratitud por el don de la *vida* que tú me has dado. Gracias por la oportunidad de experimentar este precioso cuerpo y esta maravillosa mente. Hoy, Señor, quiero expresar mi gratitud por todo lo que he recibido de ti.

Sé que el medio para darte las gracias por la *vida* es disfrutar plenamente de cada instante de la misma. Y el único modo de hacerlo es mediante el amor. Hoy, expresaré todo el amor y la felicidad que existe en mi corazón. Amaré todas tus creaciones, me amaré a mí mismo y amaré a las personas que viven conmigo. Sé que la vida es demasiado corta para desperdiciarla generando infelicidad y dramas con la gente que amo. Disfrutaré de la presencia de las personas que amo y respetaré sus elecciones en la vida tal como respeto las mías.

Hoy, recibiré graciosamente tus regalos disfrutándolos, deleitándome con la belleza de toda tu creación. Ayúdame a ser tan generoso como tú, a compartir lo que tengo con generosidad, del mismo modo que tú tan generosamente compartes conmigo tus regalos. Ayúdame a convertirme en un maestro de la gratitud, la generosidad y el amor a fin de disfrutar de toda tu creación.

Hoy, Señor, ayúdame a manifestar mi creación del mismo modo que tú manifiestas el universo, para expresar la belleza de mi espíritu con el arte supremo de los seres humanos: el arte de soñar mi vida. Hoy, Señor, te doy toda mi gratitud y mi amor porque tú me has dado *vida* a mí. Amén.

5

Humanidad

CREO EN LOS ÁNGELES. LA PALABRA ÁNGEL SIGNIFICA mensajero. Todo lo que existe es una manifestación de un ser y se manifiesta a través de mensajeros. Los mensajeros entregan la voluntad de un ser y el mensajero supremo es la *luz.*

La luz está viva y lleva consigo el mensaje de la vida por todo el universo. La luz, mensajera divina, tiene billones de frecuencias diferentes. Aunque sólo se trate de un ser, se divide a sí misma para la creación de la vida en nuestra preciosa Madre, el planeta Tierra. Cada vibración de luz tiene un mensaje específico para todos los tipos de vida que existen en este mundo maravilloso. Existe una frecuencia específica de luz que lleva consigo la información para la creación de los seres humanos. Ese rayo de luz se manifiesta como el ADN y sólo crea seres humanos: a ti y a mí. Somos seres de luz porque somos seres de energía. La fuerza vital que se manifiesta en forma de ser humano reconoce a su propia especie. Es el alma de la humanidad y es un ángel principal. El alma de la humanidad es un mensajero; tú eres un mensajero y tu mensaje es tu vida.

En tu corazón reside el verdadero mensaje que los seres humanos hemos estado intentando entregar.

Durante muchos años hemos estado entregando el mensaje equivocado: un mensaje de miedo, un mensaje de egoísmo, un mensaje de enfado, de violencia y de injusticia. Este mensaje no es nuestro. Los seres humanos fuimos creados para el amor; nuestra función es la de amar. Compartir el amor está en la naturaleza humana porque provenimos del amor, provenimos de la luz, provenimos de nuestro Creador. Nuestra naturaleza es amar y jugar, disfrutar de la vida y ser felices.

Tenemos un mensaje que entregar: en primer lugar a nosotros mismos, y después, a los demás. Ese mensaje consiste en recordar lo que realmente somos, recordar nuestra verdadera naturaleza y convertirnos en lo que realmente somos. No importa el lugar en el que hayamos nacido; no importa el lenguaje que hablemos. Somos un único ser; provenimos del mismo rayo de luz y tenemos el mismo mensaje. Nuestro mensaje es el amor y la dicha.

Es posible recobrar la integridad que perdiste de niño. Puedes recobrar el mensaje que no has entregado durante tanto tiempo y empezar a repartirlo de nuevo. La voz de la integridad, la voz de tu espíritu te habla siempre aun cuando no quieras escucharla. Y esa voz te está diciendo: "Te amo". Es posible expresar el verdadero mensaje de tu corazón, el mensaje que estás sintiendo ahora mismo, en cualquier actividad. Cuando expresas lo que realmente eres en la vida, sólo transmites belleza, sólo dicha, respeto y felicidad.

Hoy, imagínate que todo el amor de tu corazón fluye hacia todas las personas que necesitan tu amor. Une tu corazón al mío y ofrezcamos juntos nuestro amor al mundo. Si unimos nuestro corazón y enviamos nuestro amor a toda la humanidad, llegará el momento en que su corazón empezará a reaccionar a ese amor, y entonces, también empezará a expresar su amor, del mismo modo en que lo hacemos nosotros.

Hagamos que nuestro amor sea fuerte y enviémoslo a nuestros hogares, a quienquiera que viva con nosotros. Bendigamos nuestras casas y a cada miembro de nuestras familias. Enviemos todo nuestro perdón con estas bendiciones y recibamos en nuestro corazón todo su perdón por cualquier problema que haya acontecido entre nosotros.

Unamos nuestros corazones y creemos aún más amor a fin de enviarlo a nuestra comunidad, a nuestro país, a toda la humanidad. Aumentemos juntos nuestro amor hasta que sea tan poderoso que seamos capaces de ayudar a quienquiera que esté sufriendo en este momento.

Enviemos nuestro amor a todos los niños que han

perdido a sus padres, a todos los niños que están siendo maltratados. Enviemos nuestro amor para que sientan la presencia del espíritu divino junto a ellos.

Enviemos nuestro amor a los pobres y a los que no tienen hogar. Enviemos nuestro amor a aquellas personas que están en los hospitales, a las que se están muriendo, a las que están sufriendo un dolor físico y emocional. Enviémosles nuestro amor a fin de que puedan percibir al espíritu en su corazón.

Enviemos nuestro amor a la gente que vive en las cárceles: independientemente de lo que haya hecho. Enviemos nuestro amor sin ningún juicio porque está muy necesitada de este amor.

Enviemos nuestro amor donde haya guerra, a todas las familias que han perdido a sus hijos y a sus seres amados. Enviemos nuestro amor a todas las personas que son víctimas de cualquier clase de desastre en este mundo, sin sentir conmiseración por ellas, porque eso es lo que necesitan.

Unamos nuestros corazones y hagamos que nuestro amor crezca para hacerse aún más fuerte. Después, enviemos nuestro amor a todos esos lugares en los que los tiranos se aprovechan de la gente inocente, a todos esos lugares en los que existen conflictos y en los que unos seres humanos maltratan a otros, hagámoslo a fin de que nuestra compasión les alcance.

Juntos, amemos toda la creación y ofrezcamos nuestro amor a quien nos creó. Enviemos nuestro amor al mundo entero, a todo órgano del planeta Tierra que esté en peligro: a los bosques, a la atmósfera, a los océanos y a dondequiera que sea necesitado.

Quiero enviarte mi amor a ti, a tu corazón. Quiero que tomes este amor y que lo utilices en tu bien para dejar de juzgarte, de culparte, para que te perdones y perdones a quienquiera que te haya herido en esta vida. Después, llena tu corazón con el amor necesario para aceptarte y respetarte a ti mismo por ser una creación de Dios.

Creo en los ángeles. Creo en ti. Creo en mí mismo. Creo en nosotros. Entreguémosle al mundo el mensaje más grandioso: el mensaje de nuestro amor, el mensaje de nuestra propia naturaleza, nuestra *vida*. Si unimos nuestro amor, se hará más fuerte y más poderoso y si vivimos nuestra vida con gratitud y con amor, traeremos el cielo a la Tierra.

Ahora centra tu atención en tu corazón, en tus sentimientos y siente el verdadero mensaje de tu corazón. Siente cada palabra de esta oración en tu corazón mientras celebramos una comunión de amor, una comunión de dicha con nuestro Creador.

Oración para la humanidad

HOY, SEÑOR, AYÚDAME A ENTREGAR EL VERDADERO mensaje de la humanidad: el mensaje de dicha y amor. Ayúdame a entregar este mensaje a mi propia mente, a esa parte de mí que siempre me está juzgando y maltratándome. Permíteme entregar este mensaje a esa parte de mí que juzga a los demás seres humanos. Ayúdame, desde hoy, a liberar mi mente de todos los falsos mensajes que me entrego a mí mismo, a los demás seres humanos y a todas las formas de vida de este maravilloso planeta. Hoy, Señor, manifestaré tu amor en todas las palabras que pronuncie y en todas las acciones que emprenda a fin de que todo lo que haga se convierta en un ritual de amor por ti. Te amo tanto que puedo verte por doquier. No podrás permanecer oculto, porque mi amor te encontrará siempre.

Empezando desde hoy mismo, respetaré todo lo que has creado y trataré toda creación con el mismo respeto con el que te trato a ti. Te veré en los ojos de todos los seres humanos: detrás de sus máscaras, detrás de las imágenes que fingen ser. Respetaré la *vida* que se manifiesta a través de mí, y a ese fin, cada vez que me mire en el espejo, veré la belleza de tu manifestación.

Gracias, Señor, por crearme, para que pueda percibir la belleza de tu manifestación. Gracias por brindarme un cuerpo emocional para que pueda experimentar el éxtasis sólo con sentir tu presencia divina. Sé que eres mi fuerza vital, mi Creador. Juntos podemos crear el sueño más bello: un sueño de amor, paz y alegría. Juntos podemos crear el cielo en la Tierra para la felicidad eterna de la humanidad. Amén.

6

Silencio interior

QUIERO QUE CENTRES TU ATENCIÓN EN TU SILENCIO interior, un lugar que está en dentro de ti y que es el origen de todo lo que eres. Es un espacio que se encuentra en ti, un pequeño espacio de creación, un pequeño espacio en el que existen alternativas multidimensionales, en el que empieza el sueño de la vida.

Relaja tu cuerpo por completo. Abandona cualquier

tensión. Libérate de cualquier problema que tengas en la vida. Libérate de cualquier pensamiento o juicio. Libérate de todo y concédete permiso para estar presente en el ahora eterno. Éste es un momento para desconectarse del resto del mundo, para desapegarse de la realidad tal como la conoces.

Ignora cualquier ruido que se produzca a tu alrededor. Ponte tan cómodo como sea posible a fin de no tener que moverte más adelante. Vamos a poner a prueba tu voluntad en contra de la tentación de mover el cuerpo. ¿Qué es más fuerte, tu tentación o tu voluntad?

Una vez que estés quieto, quizá sientas la tentación de moverte, de acomodar tu cuerpo o de levantarte para ver qué está pasando a tu alrededor. Utiliza tu voluntad y no te muevas. Aun cuando sientas una mosca en tu rostro, no te muevas. ¡No te rasques! Lo único que debe moverse son tus pulmones. Si tu voluntad es fuerte, no te moverás.

Una vez que hayas permanecido inmóvil durante un rato, tal vez empieces a experimentar sensaciones corporales diferentes. Tal vez sentirás que tu cabeza es más grande o experimentarás una sensación extraña en las piernas o en los brazos. Si empiezas a experimentar esas sensaciones, estás cerca de detener el pensamiento de tu mente. Entre el fin de un pensamiento y el inicio del siguiente, existe un espacio. En ese espacio encontrarás tu silencio interior. El silencio interior es un lugar de elección en el que se crean todos los pensamientos de la mente. Es el lugar en el que empieza el sueño: un lugar en el que puedes ser testigo de la creación del pensamiento.

Cuando encuentres el silencio interior en tu mente, todos tus sentidos empezarán a despertarse. Quizás oirás el canto de unos pájaros y experimentarás una sensación de comunión con ellos. Tal vez oirás llover y experimentarás una comunión con la lluvia. Quizás oirás una música preciosa o sencillamente el silencio y el latir de tu corazón. Siéntete a ti mismo percibiendo estos sonidos que provocan emociones maravillosas en tu interior.

Ahora centra toda tu atención en tus pulmones. Imagínate que sólo existe el aire y tus pulmones. Siente el aire en tus pulmones como no lo has sentido nunca antes. Advierte tu reacción emocional cada vez que inspiras. Tú y el aire compartís la comunión más maravillosa.

Inspira lentamente a fin de sentir el aire que se expande en tus pulmones. Siente el placer que te produce el aire cuando entra en ellos. Prolonga ese placer haciendo inspiraciones muy, muy lentas, y después, mantén el aire en los pulmones hasta que sientas la necesidad de expulsarlo.

Espira muy, muy lentamente a fin de sentir el placer que experimentas cuando permites que el aire salga de tus pulmones. Sigue expulsando el aire hasta que sientas la necesidad de inspirar de nuevo. Inspira otra vez con lentitud, lo más profundamente que puedas, y después, libera el aire lentamente. Siente el placer de estar vivo, el placer de respirar, cada vez que inspires y espires. Es algo tan sencillo que lo damos por sentado cada momento de nuestra vida.

Ahora me gustaría que centrases tu atención en tus emociones. Imagínate que el aire está hecho de amor. Cada vez que inspiras, el amor llena tus pulmones y todo el espacio de tu cavidad torácica. Tu reacción emocional es la de aceptar todo el amor que entra en tu cuerpo y reaccionas con amor hacia esa conexión maravillosa. No tienes miedo a recibir todo ese amor y disfrutas de él como no lo has hecho nunca antes. Prolonga este placer expandiendo al máximo tus pulmones, hasta que sientas la necesidad de espirar.

Inspira lentamente de nuevo, y a medida que el amor llene tus pulmones, permite que inunde tu corazón. Abre tu corazón y permite que se llene de amor. Cuando tu corazón esté lleno a rebosar, siente cómo fluye el amor por tus venas y tus arterias, llenando todas las partes de tu cuerpo. Imagínate que sanas por completo tu cuerpo físico y tu mente.

Cada vez que inspires, imagínate que todo ese amor va directamente a tu corazón y que circula por todo el cuerpo limpiando todas las emociones y conceptos de tu mente. Siente de qué modo el amor entra en todas y cada una de las células, en cada órgano, en todos los espacios posibles. Siente de qué modo tu cuerpo entero se limpia y se purifica. Imagínate que el amor limpia cualquier toxina que exista en tu cuerpo: cualquier dolor que experimentes en él. Ve de qué modo tu sangre se lleva todas las cosas que ya no necesitas.

Inspira todo el amor que te sea posible tomar, después espira todo lo que ya no necesites. Utiliza todo el amor que existe fuera de ti a fin de despertar todo el amor que existe en tu interior. Inspira todo el amor de nuevo, después espira lentamente y envía todo tu amor al mundo, sin la menor resistencia. Imagínate que no temes entregar todo tu amor al mundo. Tu amor es tan grande que es posible enviarlo a todo el mundo, y aun así, continua siendo infinito.

Sigue utilizando tu imaginación para visualizar que cada átomo de tu cuerpo es una pequeña estrella. Imagina que tu cuerpo es un universo completo hecho de billones y billones de pequeñas estrellas. Imagínate que toda la creación está hecha de estrellas. Sólo existen las estrellas y el espacio que las separa.

El espacio entre las estrellas es mucho más grande que el espacio que ocupan las propias estrellas, pero ese espacio que existe entre ellas no está vacío; está lleno de luz. Esa luz contiene la fuerza que las mueve y es la que da forma a los átomos, a las moléculas, a todo. La luz transporta toda la sabiduría y la información del universo. La luz es una mensajera y su mensaje es la *vida.* Es la vida que crea a las estrellas; es la vida que crea los átomos de nuestro cuerpo; es la *vida,* mensajera del mundo. La *vida* es una fuerza; es energía pura y es lo que verdaderamente eres.

Imagínate que eres la *vida* y que lo atraviesas todo, en todas partes. Siempre estás en acción, transformándote. Imagínate que eres un recién nacido que creces delante de tus propios ojos para convertirte en un niño pequeño, en un joven adulto, en un ser humano maduro, en un anciano, en un cuerpo vacío sin vida, sin ti. Imagínate que eres la fuerza creadora de todo ese proceso, la fuerza que actúa en todas las especies de la naturaleza: en cada ser humano, en cada pez, en cada planta, en cada árbol.

Eres la fuerza que abre una rosa. Eres la fuerza que crea los pensamientos de tu mente. Eres la fuerza que crea todo tu sueño a través del conocimiento, de la imaginación, del recuerdo y de las emociones. Sin ti, sin *vida*, todo el sueño se disuelve y la conciencia desaparece. Eres conciencia pura y la materia física es un espejo para la luz que es la vida. Sin ti, tu cuerpo se desplomaría y se desintegraría. Pero tú, la fuerza vital, eres eterno.

Ahora imagínate que la *vida* es la misma fuerza que el *amor*. Inspira y espira. Con cada respiración, el amor de las estrellas se fusiona con el amor que existe entre todos los átomos de tu cuerpo y se convierte en uno. Cada vez que inspiras, los pulmones se expanden y todas las estrellas de tu cuerpo se expanden. Cada vez que espiras, los pulmones se contraen, igual que todas las estrellas de tu cuerpo. El microcosmos y el macrocosmos son un sólo ser. Con cada respiración, todas las estrellas del cosmos se expanden y se contraen al mismo ritmo que las estrellas de tu cuerpo. Siente la conexión entre el ritmo de tus pulmones y la expansión y contracción del cosmos. Ésta es la comunión de amor entre Dios y tú.

Desde que naciste, e incluso desde antes de tu nacimiento, ha existido una interacción entre tú y la *vida*, entre tú y Dios o lo que también podemos denominar el *espíritu divino*. Cuando te imaginas que eres tus pulmones y que el aire está hecho de amor, lo único que respiras es el espíritu divino. Cuando percibes luz, lo único que percibes es el espíritu divino. Todo lo que oyes y todo lo que sientes no es más que el espíritu divino. Quizá nunca habías advertido que únicamente mantenías una interacción con el espíritu divino, porque el espíritu divino es lo único que existe.

Siente tu relación con el espíritu divino, el que te ha creado. Cada respiración es el acto de amor más maravilloso con ese espíritu divino. Cada vez que inspiras, el espíritu divino entra en ti, te fusionas con él y te conviertes en uno. Todo el amor que sientes es el espíritu divino que entra en ti y te posee. Cada vez que espiras, tu amor es tan intenso y profundo que entras en el espíritu divino y te fusionas con él. Y entonces ya no sabes si eres los pulmones o el aire: si eres tú o eres el espíritu divino.

Sigue utilizando tu imaginación para imaginar

que fuiste creado por tu interacción con el espíritu divino. Imagínate que todo el universo fue creado por la fusión de la respiración entre el espíritu divino y tú.

Al principio, lo único que existía era el espíritu divino. No tenía forma, era apacible y estaba lleno de amor incondicional. No había nada más que una oscuridad infinita, porque no existía ningún espejo en el que se pudiera reflejar. El espíritu divino podía sentirse a sí mismo, y era una sensación maravillosa, pero sentía un deseo imperioso de verse a sí mismo. Y por eso te creó a ti y pudo verse a sí mismo en ti, porque tú eres el espejo. Tú reflejas su belleza, y tan pronto como te ve, su corazón está tan lleno de amor por ti que siente la necesidad de fundirse contigo. Entonces, tú te fundes con él, y tan pronto lo haces, está de nuevo solo, pero recuerda tu bello rostro y te echa de menos. El espíritu divino quiere verte de nuevo y su deseo es tan fuerte que te crea de nuevo, vuelve a ver tu bello rostro otra vez y su amor es tan fuerte que tiene la necesidad de fundirse contigo. Entonces, te fusionas con él, y vuelve a estar solo de nuevo. Te echa de menos, y su deseo es tan fuerte que te crea de nuevo. Entonces, te fusionas y se produce la creación y vuelves a fundirte una y otra vez.

Cuando el espíritu divino es materia, siente el éxtasis de Dios que pasa a través de la misma. Cuando el espíritu divino no tiene forma, entonces es ese éxtasis que atraviesa la materia y le confiere una forma. El espíritu divino, la luz de Dios, viene y se va, se manifiesta y desaparece. Éste es el ritmo de la vida, el verso del amor. Mediante esta interacción la *vida* crea las estrellas, crea la materia: y ésta se convierte en el espejo que refleja la luz. La materia es una reproducción eterna de la luz. Y nosotros, luz, nosotros, Dios, nos manifestamos en billones de creaciones diferentes a fin de explorar y de celebrar la *vida*.

Aun sin saberlo, has mantenido una interacción con el espíritu divino durante toda tu vida a fin de crear conjuntamente un mundo de ilusión: el *sueño* de tu vida. Eres un gran mago desde el momento en que naciste, y con el don de la magia, creas tu historia personal. En tu historia personal existen cientos de personajes, pero la historia se basa principalmente en ti. El resto de los personajes te ayudan a justificar tu interacción con el espíritu divino.

El silencio interior, ese espacio que existe entre los pensamientos, es el lugar en el que puedes ser testigo de la creación de las distintas imágenes de la mente. El silencio interior es un lugar de conocimiento silencioso en el que lo sabes todo y eres capaz de ver que existen múltiples elecciones. Éste es el principio del sueño, y desde este lugar, es posible empezar a dirigirlo.

No hay nada imposible para la *vida*. La *vida* tiene el poder de crear cualquier cosa sin ninguna limitación. Y dado que eres *vida*, entonces, al igual que la magia, puedes cambiar el sueño de tu vida. Desde este punto de vista, es posible sustituir la conciencia de tu mente racional por la realidad de la luz y del amor. Bastará con este pequeño cambio de percepción para que cualquier sueño que sueñes sea posible. Y modificar el sueño no sólo será posible, sino también fácil. Ya no necesitas vivir en una pesadilla; puedes vivir en el cielo. Depende de ti. Puedes utilizar el silencio interior para empezar a liberar todo lo que crees sobre ti mismo.

Imagínate sencillamente todo lo que podrías hacer si en realidad creyeses que eres *vida*. Imagínate la posibilidad de lo que podrías hacer con la conciencia de que eres una manifestación de Dios. No se trata sólo de una teoría. Eres *vida*. Eres esa fuerza que crea el sueño de tu mente; eres la fuerza que mueve tu cuerpo físico. Pero no sólo eres ese cuerpo físico; tu cuerpo físico no es más que el medio por el que manifiestas la luz de Dios en esta realidad. La *vida* existe sin la materia tal como nosotros la conocemos, bajo todo tipo de formas y en otras realidades. Existen millones de realidades diferentes, y dado que eres *vida*, puedes manifestarte a través de cualquiera de las realidades que existen en el universo.

Ábrete a la posibilidad de una relación completamente nueva con Dios: una relación que empieza por la conciencia. Con la conciencia resulta posible percibir al espíritu divino y comprender que todo lo que existe es una expresión de Dios. Lo único que existe es Dios y tú; no hay nada más. Siente la presencia del espíritu divino en tu cuerpo físico. Siente la *vida* que vive en ti. Esa vida es Dios.

Oración para la divinidad

GRACIAS, CREADOR, DADOR DE LA *VIDA* MISMA, POR EL regalo de la conciencia que me has brindado. Gracias por todo lo que he recibido en este día, especialmente por la libertad de ser quien realmente soy. Sé que soy el espíritu divino. Sé que soy la fuerza que constituye la *vida*, la manifestación de tu poder que se convierte en la vida de los seres humanos. Ayúdame a recobrar mi conciencia divina y a aceptar humildemente mi propia divinidad.

Hoy, Creador, es un día maravilloso para experimentar una comunión de amor contigo. Sé que soy la expresión de tu amor divino. Permíteme aceptar tu amor porque sé que soy digno de él, porque tú me creaste y sólo creas perfección. Hoy, Creador, utilizaré mi vida para expresar tu voluntad y compartir mi dicha dondequiera que vaya. Gracias por la oportunidad de imaginarme lo que podría ser si cambiase mi conciencia y aceptase mi propia divinidad. Amén.

7
El día de la boda

HOY PODRÍA SER EL PRINCIPIO DE UNA NUEVA VIDA PARA ti. Hoy podría ser un día especial para expresar lo que tienes en tu corazón.

Imagínate que hoy es el día de tu boda. Te estás casando y sientes en tu corazón la expectativa de la dicha y la felicidad. Imagínate que eres la novia y que el hombre con el que te casarás es la pareja perfecta para ti. Es exactamente el tipo de persona con la que siempre habías soñado casarte. Todo es perfecto y quieres estar preparada para esta unión.

¿Qué significa estar preparada para esta unión? ¿Cómo vas a tratar a esa persona a la que tanto amas? ¿Cómo vas a tratar a alguien que te permite expresarte plenamente, que respeta tu libertad y que no necesita controlarte? ¿Cómo tratarás a alguien que te ama exactamente tal como eres, y no sólo como eres, sino precisamente por *cómo* eres; alguien que nunca te maltrata ni te habla con palabras crueles; alguien que te respeta tanto que te permite ser lo que desees ser, hacer cualquier cosa que desees hacer y sentir cualquier cosa que desees sentir?

¿Estás preparada para esta relación? ¿Puedes permitirle a tu amado que sea él mismo, sin juzgarlo? ¿Puedes amarlo tal como es sin intentar cambiarlo?

¿Puedes respetarlo tanto que nunca le dirás cómo ser, qué ser, qué creer y qué no creer? ¿Puedes amarlo tanto que nunca coartes la expresión de su vida ni la expresión de su espíritu? ¿Eres capaz de amar así?

¿Estás preparada para esta boda? ¿Puedes amar y entregar ese amor tal como lo hace tu ser querido? ¿Eres capaz de vivir el resto de tu vida en plena comunión con el amor y amando sin tener una razón en particular para hacerlo? ¿Eres capaz de consagrar tu vida entera al amor a fin de que todo lo que tu vida exprese, todo lo que digas y lo que hagas, nazca de ese amor?

Casarse con el amor es una elección, igual que lo es casarse con la persona a la que amas. Vivir tu vida con amor es una elección. Cierra los ojos durante unos instantes e imagínate cómo te relacionarías con el resto del mundo si el amor estuviese moviéndose siempre en tu interior. Imagínate lo que dirías, lo que sentirías, lo que harías, si el amor se moviese en tu interior. Imagínate de qué modo te relacionarías con tu madre o con tu padre, con tu cónyuge, con tu hijo o tu hija, con tus amigos, con tu jefe o tus compañeros de trabajo, con cualquier persona de la calle.

Imagínate que hoy, el día de tu boda, cambiará para siempre y por completo tu vida. Imagínate viviendo tu vida sin juzgar ni culpar a los demás. Gracias al amor, no hablas nunca en contra de nadie; la necesidad de chismorrear se ha acabado. Cuando hablas de los demás sólo tienes palabras de amor para ellos. Con los ojos del amor, ha cambiado toda tu realidad; todo tiene una apariencia bella para ti. Con los ojos del amor, ves la grandeza en todas las personas que te rodean. No importa lo que salga de sus bocas; eres capaz de ver lo que hay tras sus heridas emocionales: tras el enfado, el odio, los celos. Y puedes ver que todas esas emociones que surgen de ellas no son más que el resultado del maltrato: principalmente de su propio maltrato porque o bien carecen de autoestima, o ésta es muy baja.

Imagínate cómo te tratarías a ti misma si el amor se moviese siempre en ti. ¿Qué pensarías de ti misma? ¿Qué juicios te harías a ti misma si el amor se moviese de este modo en tu interior?

Si empezases a tratarte con amor, ¿te imaginas todos los cambios que, como con la magia, tendrían lugar en tu vida? Ya no volverías a estar enfadada. Nunca sentirías celos de los demás. No podrías volver a sentir odio. Te liberarías de inmediato de cualquier sentimiento de enfado que pudiese permanecer en tu mente contra cualquier persona que te hubiese herido alguna vez. Ya ni siquiera tendrías la necesidad de perdonar a nadie, porque no habría nada que perdonar.

Si el amor se moviese así por tu mente, la sanaría por completo.

Ahora recuerda cómo era tu vida antes de casarte con el amor. ¿Dónde estaba el respeto hacia ti misma? ¿Cuántas veces te juzgaste y te sentiste mal por hacerlo? ¿Cuántas veces hablaste en contra de ti: no sólo contigo misma sino también con otras personas? ¿Qué tipos de límites impusiste a la expresión de tu vida? ¿Cómo tratabas a tu ser amado antes de casarte con el amor? ¿Dónde estaba el respeto hacia la persona a la que supuestamente amabas? ¿Cuántas veces el orgullo te empujó a crear conflictos con las personas más queridas?

Si eres capaz de ver de qué modo te tratabas a ti misma y a los demás antes de casarte con el amor, indudablemente renunciarás a ese tipo de vida y aceptarás el amor.

Durante el bautismo, el sacerdote quizá te pregunte: "¿Renuncias a Satán? ¿Aceptas a Dios?" Yo te pido que hagas algo parecido. ¿Renuncias a tratarte como te tratabas antes? ¿Renuncias a juzgarte como te juzgabas, a culparte y a castigarte a ti misma y a todos los demás? ¿Aceptas al amor en tu vida? ¿Aceptas que es posible vivir una relación de amor eterno con Dios? Ése es el sentido real del bautismo: un casamiento con Dios. Pero también podemos denominarlo una boda con el amor. Cuando permites que tu corazón se llene de amor por ti misma, la vida cambia por completo. Ya no eres la misma porque renuncias al miedo, al enfado, a la tristeza y a los celos. Renuncias al sufrimiento y a los dramas emocionales y aceptas el amor y la dicha en tu vida. Y entonces descubres que no necesitas esforzarte tanto para ser feliz. Tu vida se vuelve fácil, maravillosa y preciosa.

Éste podría ser el día más maravilloso de tu vida. Hoy podría ser *realmente* el día de tu boda: el día en que te reúnes contigo misma: con tu yo *verdadero*. Parece muy sencillo, y, en realidad, lo es. Somos nosotros los que lo hacemos difícil porque somos nosotros mismos los que nos limitamos. Somos nosotros los que hacemos que nuestra vida resulte imposible, y después, culpamos a todas las personas que nos rodean: a nuestra familia, a nuestros amigos, al gobierno. En ocasiones, incluso culpamos a Dios. Pero somos nosotros los que nos creamos una pesadilla viviente. No hay razón para vivir nuestra vida de este modo. Existe otra manera de ser, otra manera de relacionarnos con nosotros mismos y con todos los demás, y esa manera es el amor. Amar no es más que una elección. O bien elegimos el amor o bien elegimos el miedo; no es posible servir a dos maestros a la vez.

Los seres humanos afirmamos que tenemos libre albedrío, pero ¿es eso realmente verdad? Tener libre albedrío significa que tenemos el poder de elegir. Si tenemos el poder de hacer una elección, ¿estamos realmente eligiendo luchar con nuestros padres? ¿Estamos escogiendo vivir una vida de dramas con nuestros amados niños? ¿Realmente es ésa nuestra elección? ¿Es nuestra elección estar enfadados o celosos? ¿Es nuestra elección decir cosas que no queremos decir para después sentirnos culpables por haberlas dicho? ¿Es nuestra elección hacer cosas que no queremos hacer para después sentirnos culpables por haberlas hecho? ¿Realmente es eso el libre albedrío?

Te aseguro que, si tenemos libre albedrío, si realmente tenemos el poder de hacer una elección, entonces la única elección es Dios. La única elección es el amor, la dicha y la felicidad. Si no hacemos esa elección, entonces no tenemos el poder de hacer una elección y eso significa que ya no tenemos libre albedrío. Pero es posible recuperar el libre albedrío y no resulta difícil hacerlo a menos que nosotros lo dificultemos. Si nuestra vida no funciona es por nosotros; no es porque la vida sea difícil. Si nuestra relación no funciona, es por nosotros; no podemos echar las culpas a lo que está fuera de nosotros mismos.

Hoy podría ser el día más maravilloso de tu vida. Hoy es el día perfecto para evaluar de nuevo la relación que tienes contigo misma. Es el día perfecto para evaluar de nuevo la relación con tu ser amado, con tus madre o con tu padre, con tus hijos, con tus amigos, con tu trabajo o con tu negocio, con tu jefe o tus empleados. Es el día perfecto para evaluar de nuevo tu relación con Dios. Hoy podría ser el día de tu boda. ¿Estás preparada para el matrimonio?

Quiero compartir una historia personal contigo. Hubo un tiempo en el que había olvidado lo que era. Realmente no lo sabía y sentía que tenía que justificar mi existencia. Cuando era un adolescente y estudiaba en el instituto, fui a clases de filosofía. El profesor dijo que, durante miles de años, los filósofos y los pensadores habían intentado explicar el sentido de la vida. El profesor tenía grandes opiniones sobre la vida y hablaba con tanta autoridad que todos los alumnos creían lo que decía. Un día nos dijo: "Tenéis que encontrar el sentido de la vida. Sólo si lo encontráis podréis ser felices". Qué mentira, pero sonaba bien y me lo creí.

Intenté encontrarle un sentido a mi vida, algo que justificara mi existencia a fin de no morirme sin que nadie supiese que alguna vez había existido. Busqué muchos sentidos diferentes a la vida, hasta que llegué a estar tan confundido que ya ni sabía qué era lo que estaba buscando. Intenté ser el mejor en todo lo que hacía; no me conformaba con nada menos que ser el mejor. Empecé a hacer deporte y a ponerme a prueba. Llegué a firmar un contrato con un equipo profesional de fútbol en México. Pero, después, en un momento determinado, tuve que hacer una elección entre estudiar medicina o ser un jugador de fútbol profesional. Escogí la facultad de medicina porque tenía más sentido, más importancia. Me perdí en la ciencia médica; me perdí en toda aquella importancia personal. Me estaba esforzando tanto por encontrarle un sentido a la vida, que me la estaba perdiendo.

Entonces, llegó el día en que toda mi vida cambió. Conocí al amor de mi vida, a mi mejor maestra, al ángel de la muerte. Era muy hermosa, y lo creas o no, solía aparecérseme en mis sueños. Sabía que un día me encontraría físicamente con ella, que la conocería en carne y hueso, y también sabía que cuando la viese, no tendría elección.

Creé una mitología completa entorno al ángel de la muerte — mi maestra, mi amante — y me entregué a ella por completo porque éste era el único medio por el que podía experimentar el placer extremo de la *vida*. El ángel de la muerte me enseñó muchas cosas y renuncié a muchas de mis viejas creencias. Entonces, en mi mitología, un día conocí a alguien incluso mejor que el ángel de la muerte. Me dije a mí mismo que el ángel de la muerte debía de haberme preparado para la boda con mi verdadero amor. Así fue. Tenía que casarme porque, de no hacerlo, no me aceptaría nunca. Pero sólo había una manera de casarme con ella y consistía en el amor incondicional. ¿Estaba preparado para este matrimonio? No estaba seguro de que así fuese, pero el ángel de la muerte me dijo: "Sí, estás preparado. No tienes nada que perder".

Entonces, con toda mi valentía, le pedí la mano al ángel de la *vida*, a Dios, y ella me dijo que sí. ¿Te imaginas lo que significa casarse con Dios? Bueno, indudablemente no fui el primero en hacerlo. Existen muchas religiones en las que la gente renuncia al mundo para casarse con Dios. Sería igual en mi caso; si me casaba con Dios tenía que renunciar a mi mundo, a mi viejo sueño. Amaba a Dios incondicionalmente, en todas sus manifestaciones. ¿Cómo podía acudir a Dios con mis viejas creencias, con mi vieja historia?

En la nueva historia, cuando algo no funciona en nuestra relación, es obviamente por mí. ¿Cómo puedo culpar a Dios? Dios es perfecta; es maravillosa; es preciosa. Cuando subo a la cima de una montaña y contemplo la belleza de su manifestación, sé que es la mejor artista que ha existido jamás. Toda creación cuenta con mi amor y mi respeto. Honro y disfruto las creaciones de Dios, pero no puedo apropiarme de nada, porque todo lo que existe le pertenece a ella. Sé que Dios me ama tal como soy y si ella me ama tal como soy entonces ¿por qué no amarme yo mismo de igual manera? ¿Cómo puedo juzgarme injustamente o dañar mi cuerpo físico? Si me maltrato a mí mismo, maltrato la creación de Dios.

Sé que este cuerpo físico se morirá algún día. Si el ángel de la muerte así lo desea, se lo puede llevar en este mismo instante y yo no tendré nada que lamentar porque mi historia estará completa. Si me mantiene aquí, bien, tengo un día más para disfrutar mi luna de miel con Dios. Mi historia es muy romántica; vivo una eterna relación amorosa con Dios. Estoy tan enamorado de ella que veo su rostro en todas las flores; veo su rostro en todas las personas; veo a Dios en todas partes. Sé que cuando el ángel de la muerte se lleve mi cuerpo físico, todavía estaré con Dios. No lo dudo en absoluto. ¿Cómo puedo tenerle miedo a la muerte cuando tengo una fe plena en Dios? Y si me sucede algo malo, no tiene nada que ver con Dios. Lo considero un regalo porque me brinda la oportunidad de explorar otra parte de la vida. Sólo veo la perfección porque Dios es perfecta.

Dios nos creó para que fuésemos narradores de historias, para que fuésemos soñadores. He invertido el cien por cien de mi fe en esta historia y creo en ella porque quiero que así sea. Si, de todos modos voy a elaborar una historia, y si tengo la opción de escoger las historias que puedo crear, no me parece que sea posible crear una historia mejor que ésta. Y ¿sabes qué? En mi historia, tú también eres la esposa o el esposo de Dios. Esta es mi mitología, y creyendo en esta bella historia, vivo mi vida en la fantasía más maravillosa, en el sueño más maravilloso. Sé que sólo se trata de una historia, pero recuerdo la historia en la que solía creer antes de que al ángel de la muerte viniese a mí. Aquella historia tampoco era verdadera y de ningún modo quiero vivir en ella ni creerla por más tiempo.

Sólo veo a Dios y la amo tanto que no puede esconderse de mí. Si me ama, bien; si no me ama, también. Pero creo que me ama y creo que soy digno de su amor. ¿Por qué no iba a serlo? Hace mucho tiempo solía creer que no era digno de ese amor. Qué extraño me parece eso ahora. Todas las personas son dignas de amor. Si crees que no eres digno de amor, estás creyendo en una mentira.

El ángel de la muerte te preparará para el día de tu boda permitiéndote ver la belleza de la *vida*. ¿Puedes tratar a Dios? ¿Puedes tomar en tus manos todo ese amor? Imagínate a ti mismo en la cima de una montaña, fusionándote con Dios, con toda esa belleza, con todo ese amor. ¿Acaso no te gustaría conservar ese amor el resto de tu vida? ¿Acaso no te gustaría vivir siempre de ese modo?

Fuiste creado para reaccionar emocionalmente a la belleza de la creación. Fuiste creado para vivir en armonía y dicha con toda la creación. Pero tu historia no te permite vivir en ese arrobamiento y mi historia me mantiene en él porque todos los hábitos que tengo y toda la rutina que sigo no es otra que la de amar, disfrutar de la vida y entregarme en un cien por cien a fin de que mi sueño se convierta en realidad. En realidad no tengo ambiciones, salvo la de continuar creando esta bella historia y compartirla dondequiera que vaya.

Hoy podría ser el día más grande de tu vida, el día en el que, finalmente, cambias tu historia. Hoy podría ser el día de tu boda; pero para estar preparada para esa boda, tienes que ocuparte de los asuntos no acabados. Tienes que decir "Te amo" a todas las personas a las que amas y hacerles saber que deseas su felicidad. Para ser felices precisan que las perdones; necesitan sentir que las perdonas. No es necesario que las llames por teléfono ni que sufras durante este proceso. Sufrir no es más que una elección. Ser feliz y vivir una aventura romántica con la vida también es una elección.

Todas las escuelas místicas denominan al día de la boda *la ceremonia del fuego.* La ceremonia del fuego es el momento de iluminación en el que nos fusionamos con la *vida*. Es el matrimonio con nuestro creador, y por consiguiente, el día en el que la divinidad regresa a nosotros.

Cierra los ojos durante unos instantes y ponte lo más cómoda posible. Imagínate que estás preparada para tu boda. Imagina que tu corazón está rebosante de amor. Tu amado, Dios, te está esperando en el altar y sólo cuentas con unos pocos minutos para entregarte al amor de tu corazón. Vas a consagrarte a la relación más maravillosa, a tu unión, o reunión, con quien te creó.

Imagina que tu amor se irradia a través de la magnífica sonrisa de tu rostro, a través de tus ojos y de tu corazón. Siente que tu corazón grita: "Sí quiero. Te acepto, Dios. Te acepto, amor. Sí quiero". Entrégate por completo a la bondad del amor, y con ese amor, permite que todas las personas que forman parte de tu vida sepan cuánto las amas. Bastará con que digas "te amo" para experimentar tu propia divinidad.

Imagínate que la fuerza de la *vida* atraviesa tu cuerpo físico. Sientes una comunión de amor con el Creador y estás lista para compartir la dicha de tu unión con todo el mundo. Desde ahora en adelante, tu vida representa una unión con Dios. Tu vida está consagrada al amor; tu vida está consagrada a la dicha y la felicidad. Esto es el cielo en la Tierra y está en tus manos. El cielo en la Tierra es una boda en la que Dios es el novio, tú eres la novia y ambos vivís una luna de miel eterna.

8

El círculo de fuego

ESTA PRECIOSA ORACIÓN SE LLAMA "EL CÍRCULO DE fuego". "Círculo" porque representa la tierra; "fuego" porque representa al espíritu. Más que una oración, "El círculo de fuego" es un acuerdo de matrimonio con Dios, nuestro Creador. Proponemos a Dios tener una nueva relación con él y no importa si Dios la acepta o no la acepta, aunque indudablemente, la aceptará. Lo importante es que nosotros aceptemos el acuerdo en nuestra mitad de la relación, que cumplamos con esa parte y que vivamos nuestra vida siguiendo este acuerdo.

Si invertimos nuestra fe en esta oración, si seguimos este acuerdo, seremos capaces de crear el cielo en la Tierra. Bastará con practicar esta oración para que vivamos siempre con amor y felicidad. Es algo que resulta muy sencillo y muy fácil de llevar a cabo. Pero decir la oración no es suficiente; tenemos que *vivir* la oración. Vivir la oración consiste en alinear nuestro intento con nuestra palabra, en poner nuestra fe en la palabra y en sentir la reacción en nuestro cuerpo emocional. Nuestro cuerpo emocional percibe el significado de nuestra palabra, reacciona a nuestra palabra y esa reacción es el amor que emana de nosotros. En esa reacción, recuperamos nuestra divinidad, depositamos nuestra confianza en Dios y toda nuestra vida cambia.

Ponte muy cómodo y cierra los ojos durante unos instantes. Respira profundamente y acalla tu mente por completo. Repite esta oración con suma lentitud, y pon tu corazón en todas y en cada una de sus palabras. Siente todo el poder de esta oración, todo el amor y el intento. Abre tu corazón y permite que salga todo tu amor de él. No te resistas a tus emociones; no te resistas a tu amor. Libéralo y prepárate para una comunión con nuestro Creador.

El círculo de fuego

[Diga la fecha de hoy]
El día del Señor
cuando la Divinidad regresa a mí
cuando viviendo con libre albedrío, y con todo el poder del espíritu
decida vivir mi vida en comunión libre con Dios
sin esperar nada a cambio

Viviré mi vida con gratitud, amor, lealtad, y justicia
empezando conmigo mismo
y continuando con mis hermanos y hermanas

Respetaré toda la creación
como símbolo de mi comunión de amor con el que me creó
por la felicidad eterna de la humanidad

Vivir esta oración significa estar vivo, estar ena-morado, ser quien realmente eres. Éste es el propósito de la oración. Es posible cambiar la historia de tu vida en cualquier momento. Tú eres el artista y tu arte es tu vida. Cada palabra de esta oración tiene el propósito de sanar tu mente por completo. Puede curar todas las heridas de tu cuerpo emocional y ayudarte a desape-garte de todo lo que te mantiene en el drama y el sufrimiento. Con esta información, repitamos la oración de nuevo, esta vez paso a paso, a fin de que percibas el significado de cada frase.

Diga la fecha de hoy . . .

El propósito de mencionar la fecha es el de estar presente en el ahora eterno. Hoy, este momento, es el ahora eterno. No existe el pasado ni el futuro. El tiempo es una ilusión; la vida es un momento presente eterno. Hoy es el día de la creación y este momento es el momento de la creación. Manifestando la fecha, anuncias que hoy es el día en el que estableces un nuevo acuerdo. Lo que ocurrió hace una semana o una hora no tiene importancia. Lo que importa es el intento de este momento, lo que estás sintiendo en este momento de creación. Es una decisión que tomas hoy y es una elección en curso que haces cada día, en cada momento. Si quieres, también puedes añadir la hora del día porque no te preocupa lo que pueda ocurrir dentro de cinco minutos o de una hora. Si rompes el acuerdo dentro de una hora: está bien, lo has roto. Pero, entonces, vuelves a establecer de nuevo el acuerdo y lo vuelves a hacer una y otra vez hasta que no lo rompas más.

El día del Señor....

Cada día es el día del Señor porque sólo el Señor, nuestro Creador, existe. Has distinguido el día del

Señor y crees en Él con toda tu fe. En este día te comprometes con Dios, y ese compromiso, es un acto de poder.

Cuando la Divinidad regresa a mí...

Esto significa cuando recobres la conciencia de lo que realmente eres: quien está creando este momento. Éste es el día de tu iluminación, el día en el que reconoces tu divinidad y te fusionas con el único ser que existe. Tú, el ser humano, que tras tu despertar y tras reunirte con quien verdaderamente eres, te fusionas con Dios. Quienquiera que creyeses que eras se ha desvanecido para irse hacia la divinidad. Aceptas la responsabilidad de tu yo divino, y en este momento, recobras tu fe, tu autoridad, y entonces, todo es posible. Tienes autoridad sobre ti mismo, sobre tu propia vida. Reclamas tu derecho a estar vivo, a expresarte en el mundo y es obvio que te encuentras en el cielo.

Cuando viviendo con libre albedrío…

Esto significa que, dado que estás en el cielo, finalmente eres libre de hacer una elección. Recuperas tu albedrío, y en el momento en que tu albedrío es libre, estableces un acuerdo con la vida. Eliges vivir en comunión con Dios porque eso es lo que quiere tu corazón. No es porque tu religión te diga que tienes que estar con Dios. No es porque tengas miedo. No es la elección del ego ni es por la imagen social. Es *tu* elección, tu decisión, porque eso es lo que *quieres* hacer.

Cuando tu verdadero yo haga una elección, no escogerás el miedo, la envidia, el enfado, el drama o cualquier otra reacción que vaya en contra de ti mismo. De nuevo, si eliges vivir de esta manera, no es tu verdadero yo el que ha tomado la elección. Cuando vives con libre albedrío, la única elección posible es Dios, es el amor, es la felicidad. Una vez que has cobrado conciencia de lo que realmente eres, tu elección es la de permanecer aquí, ser divino, vivir con amor el resto de tu vida.

Y con todo el poder del espíritu...

Esto significa que apoyas la decisión que has tomado con todo el poder de tu voluntad y de tu fe. Éste es el momento de tu boda con Dios, el momento de la iniciación del fuego, porque tu espíritu es ese fuego; es la divinidad que está en ti.

En primer lugar recuperas tu libre albedrío y esto te brinda el poder necesario para hacer una elección y para establecer un acuerdo para vivir con Dios. Después, invocas todo el poder de tu espíritu para cumplir el acuerdo. Ahora comprendes lo que es posible hacer cuando recuperas tu libre albedrío: eres capaz de controlar el intento con todo el poder de tu espíritu.

Decida vivir mi vida en comunión libre con Dios...

Esto significa que decides vivir el enamoramiento con Dios, con tu yo divino. De esta manera afirmas que cruzas una línea que no tiene retorno y que te comprometes con Dios. Ahora formas parte de una relación de compromiso. Ahí está toda tu fe y toda tu autoridad.

Sin esperar nada a cambio...

Esto significa que abandonas tu apego hacia el resultado porque no sabes de qué manera van a funcionar las cosas. Sabes que te has casado con Dios; sabes que aceptas tu propia divinidad. Te desapegas del resultado porque éste no es importante cuando te comprometes con el amor. Cuando vives tu vida en comunión libre con Dios, abres tu corazón y amas incondicionalmente. Amas sin tener una razón para hacerlo, te das a ti mismo y continuas dando sin esperar nada a cambio. Tu amor es incondicional porque amar es un placer para ti.

Viviré mi vida con gratitud, amor, lealtad, y justicia...

En esta parte del acuerdo, te dices a ti mismo cómo vas a escribir la historia de tu vida. La decisión está tomada y ahora expresas la forma de tu sueño. Ésta es la apariencia que tendrá tu vida cuando expreses tu creación y tu arte al resto de la humanidad. El modo en que vivirás tu vida es obvio y no aceptarás nada que sea inferior a eso porque eres libre, eres feliz y eres amor. De ahora en adelante vivirás tu vida con gratitud y resulta fácil entender el porqué. La gratitud es una de las expresiones más bellas del amor. Bastará con que digas gracias para que todas las puertas de la abundancia se te abran para ofrecerte las bendiciones de la vida que llegarán a ti desde todas las direcciones, pero, en especial, la abundancia del amor.

Vivirás tu vida con amor, lo que significa que te amarás a ti mismo incondicionalmente. Te aceptarás por completo. Respetarás y honrarás tu cuerpo físico. Dejarás de criticarte o de desagradarte porque eres la creación de Dios. Tu amor es infinito; cuanto más amor das, más amor tienes para dar. El amor es tu billete al reino del cielo, empezando contigo mismo y continuando con tus hermanos y hermanas.

Vivirás tu vida con lealtad. ¿Lealtad a quién? A ti mismo, por supuesto, y eso significa que nunca harás nada que vaya en contra de ti mismo; no volverás a traicionarte de nuevo. No hay lugar para tu propio maltrato. Eres leal a ti mismo y eso hace que seas impecable con tu palabra.

Vivirás tu vida con justicia y eso quiere decir que serás justo contigo mismo. Si cometes un error, pagas por ese error, pero sólo una vez y no cada vez que lo recuerdes. Vivir tu vida con justicia significa que no volverás a juzgarte a ti mismo y no volverás a vivir tu vida sintiéndote culpable y avergonzado. Y cuando vives sin juicios, culpa y vergüenza, ya no hay necesidad de castigarte a ti mismo.

Empezando conmigo mismo...

Esto significa que todo lo que hayas acordado debe empezar por ti mismo. Vivir con gratitud, amor, lealtad y justicia empieza contigo mismo porque no puedes dar lo que no tienes. Sólo es posible dar lo que uno tiene. Si te amas a ti mismo, entonces puedes entregar tu amor a los demás bajo cualquiera de sus distintas expresiones. Vivir en comunión libre con Dios también empieza por vivir en comunión libre con tu yo divino, porque eres una creación de Dios. El acuerdo siempre empieza contigo mismo, y dado que esto es lo que eres, esto es lo que compartes con los demás.

Y continuando con mis hermanos y hermanas...

Ahora empiezas a esparcir entre los demás las semillas de la gratitud, el amor, la lealtad y la justicia. Vives tu vida expresando amor y así es como tratas a los demás dondequiera que vayas.

El amor que te tienes a ti mismo se convierte en el amor que compartes con los demás. Las semillas del amor crecen y se fortalecen y continúan expandiéndose hasta convertirse en una relación maravillosa con tus padres, tus hijos, tu cónyuge y tus hermanos y hermanas: con todas las personas que forman parte de tu vida. Esta afirmación te inmuniza contra el sufrimiento porque asegura que toda relación es un acto de amor.

Respetaré toda la creación como símbolo de mi
comunión de amor con el que me creó...

Esto significa que respetarás los bosques, los océanos, la atmósfera, los animales: todo lo que Dios, tu ser amado, ha creado. Estás expandiendo tu amor y respeto al mundo entero de la creación como símbolo de amor y respeto a tu creador.

Estableces este acuerdo con Dios porque ahora eres consciente de que todo lo que existe es una creación de Dios. Respetas la voluntad de Dios; respetas la vida tal como es. Percibes la creación de Dios, la respetas, participas en ella y te entregas con una aceptación total porque sabes que no puedes hacerlo mejor. Si ves una montaña no dices: "Oh, esa montaña está en el lugar equivocado, no debería estar ahí". No, la montaña es perfecta tal como es y tú aceptas la perfección que existe en todas las cosas.

No necesitas cambiar a otras personas; no necesitas cambiar ninguna de las creaciones de Dios. Sencillamente disfrutas de la creación; disfrutas de la belleza; disfrutas de la vida. Estás vivo y sólo el hecho de estar vivo provoca tu deleite. Y ¿cuál es el resultado de todo esto?

Por la felicidad eterna de la humanidad...

Esto significa que toda la humanidad recibe el beneficio de tu comunión de amor con Dios. Dado que todo ser humano forma parte de un ser vivo, el resultado de tu felicidad le brinda a toda la humanidad una oportunidad para vivir felizmente. Has decidido vivir tu vida con felicidad, compartirla con los demás, y el resultado constituye un maravilloso regalo para todas las personas que están a tu alrededor. No eres responsable de la felicidad de otras personas; sólo eres responsable de tu propia felicidad. Eres feliz porque has hecho una comunión de amor con Dios. Si tú eres capaz de hacerlo, cualquier persona puede hacerlo, y entonces, el resultado de esa unión o reunión con Dios es la felicidad eterna de la humanidad, que es otra manera de referirse al "cielo en la Tierra".

El reino del cielo es tu propia mente, y para ti, ese reino es real, está aquí, y formas parte de él. Tienes un reino del cielo privado en tu mente, y cuando lo compartes con tus hermanos y hermanas, es posible crear, juntos, el reino del cielo en la Tierra, para la felicidad eterna de la humanidad.

Ahora conoces el significado de cada frase. Pero, de nuevo, no es suficiente con aprenderse las palabras o comprender su significado. De lo que se trata es de que conviertas esta oración en tu modo de vida. De lo que se trata es de los actos, de practicar esta oración a diario hasta que crees el cielo en la Tierra.

Hace muchos años, tras finalizar un ciclo de enseñanza con mis aprendices, celebramos la primera ceremonia del Círculo de fuego. La ceremonia era para aquellas personas que habían recobrado su voluntad, su fe y su amor. Toda las personas que participaron en esa ceremonia habían experimentado su divinidad, pero lo que constituía un reto para ellas era permanecer en el cielo.

Me preguntaban: "Miguel, ¿cómo podemos permanecer en él? ¿Por qué tenemos que regresar?" Yo contestaba: "No os quedáis en el cielo porque todavía necesitáis purificar la mente. Vuestra fe es poderosa, pero la habéis invertido en lo que creéis que sois y la mayor parte de lo que creéis sobre vosotros mismos es una mentira ¡Apartad vuestra fe de las mentiras!

Liberad vuestra fe y comprobaréis lo poderosos que llegaréis a ser".

Si hay algo en tu vida que se lleva tu felicidad, tienes todo el poder que necesitas para cambiarlo. No tienes que vivir con enfado ni tristeza ni celos. No tienes que juzgarte a ti mismo, hacerte sentir culpable y castigarte por ello. Las palabras y las oraciones son acuerdos poderosos y necesitas ver de qué tipo son las que tú utilizas: "Oh, Señor, soy culpable, debería ser castigado por mis pecados". ¿Qué tipo de oración es ésa? Si crees que eres culpable y que mereces ser castigado, ¡eso es lo que estás pidiendo!

El sufrimiento y el drama empiezan cuando te mientes a ti mismo, aun cuando no seas consciente de que estás mintiendo. Es posible recobrar la verdad de lo que realmente eres. Cuando finalmente te veas tal como eres, cuando finalmente te responsabilices de tu creación, te liberarás de las mentiras que tú mismo has creado. Te liberarás del drama emocional descubriendo todas las mentiras en las que crees. Es un proceso que consiste en desaprender las mentiras. Es un período de purificación y no tiene nada que ver con el sueño de la sociedad. ¿Cómo podemos cambiar el sueño de la sociedad si ni siquiera somos capaces de expurgar las mentiras de nuestro propio sueño?

La oración del "Círculo de fuego" es suficiente para que vayas al cielo y permanezcas en él. Pero, en primer lugar, tienes que establecer el acuerdo, vivirlo y hacerlo tuyo. Repetir una oración no requiere más de un minuto, pero necesitas la disciplina necesaria para hacerlo. Di la oración cuando te despiertes por la mañana, nada más abrir los ojos; después, repítela por la noche, antes de irte a dormir. Sueña con la oración. Siente la oración con tu cuerpo emocional. Sé la oración; alinea tu fe y tu intento con la oración hasta que toda tu vida se base en ella. Si te traicionas a ti mismo, entonces establece un nuevo acuerdo...el día del Señor...y recupera tu libre albedrío.

Hoy es el día más maravilloso de tu vida. Este momento representa la eternidad. Es el momento en el que regresas al amor decidiendo vivir en comunión con nuestro Creador. Hoy es el día en el que das tu acuerdo para entablar una nueva relación, un matrimonio, con Dios. Es una luna de miel eterna y eso es el cielo.

(Orar en grupo)
EL CÍRCULO DE FUEGO

[Diga la fecha de hoy]
El día del Señor
cuando la Divinidad regresa a nosotros
cuando viviendo con libre albedrío, y con todo el poder del espíritu
decidimos vivir nuestras vidas en comunión libre con Dios
sin esperar nada a cambio

Viviremos nuestras vidas con gratitud, amor, lealtad, y justicia
empezando con nosotros mismos
y continuando con nuestros hermanos y hermanas

Respetaremos toda la creación
como símbolo de nuestra comunión de amor con el que nos creó
por la felicidad eterna de la humanidad

DON MIGUEL RUIZ ES EL AUTOR DEL ÉXITO DE VENTAS internacional *Los Cuatro Acuerdos,* que ha sido traducido a 30 lenguas. Durante más de una década ha trabajado con un reducido grupo de estudiantes y aprendices, guiándolos hacia su libertad personal.

Si desea recibir más información,
visite nuestra página en el Web en:
www.miguelruiz.com

JANET MILLS ES LA DIRECTORA LITERARIA Y EDITORA DE Amber-Allen Publishing. Es la autora de *The Power of a Woman [El Poder de una Mujer], Free of Dieting Forever [Libre de Dietas para Siempre]* y directora literaria de *The Seven Spiritual Laws of Success [Las Siete Leyes Espirituales para el Éxito]* de Deepak Chopra, un éxito de ventas internacional con más de dos millones de ejemplares publicados.

MIENTRAS SE ESTABA PREPARANDO ESTE LIBRO PARA SU publicación, descubrimos que la cantante y compositora Cari Cole había escrito una música para la oración del "Círculo de fuego". Cari se había inspirado para componer una serie de canciones tras estudiar las enseñanzas de don Miguel Ruiz y participar en un viaje de poder a Teotihuacán, México.

Miguel ha dicho a menudo que la mejor manera de dominar la conciencia y la transformación es a través de la repetición y de la práctica y nosotros hemos descubierto que cantar esta bella oración es un medio maravilloso para convertirla en parte de nuestra vida.

Si desea más información sobre la música de Cari o si desea comprar un CD con sus canciones, visite por favor nuestra página en el Web o llámenos.

(800) 624-8855 • www.amberallen.com

Los Cuatro Acuerdos

Los Cuatro Acuerdos nos ofrece un poderoso código de conducta capaz de transformar rápidamente nuestra vida para convertirla en una nueva experiencia de libertad, felicidad verdadera y amor. (Disponible en edición de bolsillo, en edición de regalo, y en audiolibro.)

Cuaderno de Trabajo de Los Cuatro Acuerdos

El Cuaderno de Trabajo nos brinda conocimientos adicionales, ideas prácticas, un diálogo con don Miguel sobre la aplicación de Los cuatro acuerdos e historias verídicas de personas que han transformado sus vidas.

La Maestría del Amor

Ruiz nos enseña a sanar nuestras heridas emocionales, recuperar la dicha y la libertad que nos pertenecen por derecho de nacimiento, y a renovar el espíritu expansivo que resulta vital en las relaciones amorosas.

La Voz del Conocimiento

En este libro, Ruiz nos recuerda una verdad sencilla y profunda: el único modo de acabar con nuestro sufrimiento emocional y recuperar nuestra dicha de vivir consiste en dejar de creer en mentiras —principalmente sobre nosotros mismos.

Tarjetas de Los Cuatro Acuerdos, de La Maestría del Amor, y de La Voz del Conocimiento

Cada baraja de cartas consta de 48 cartas bellamente ilustradas con perlas de sabiduría de cada uno de estos libros. (Solamente en inglés)

❦

Para recibir un catálogo gratuito, diríjase a:

AMBER-ALLEN PUBLISHING

P. O. Box 6657, San Rafael, California 94903-0657

(800) 624-8855 · www.amberallen.com